1 Ernährung bei TCM - Herz - Blut Stagnation

Diese Empfehlungen bitte immer mit Ernährungsberater/in, Arzt oder Diätologen/in absprechen! Die Rezepte und Zutatenlisten unterstützen die medizinischen Therapien.

Die Kalorienangaben frischer Zutaten (Obst und Gemüse) und die Inhaltsstoffe schwanken je nach Qualität und Erntezeit. Die Inhalte wurden von einer Diätologin und einer Ernährungsberaterin für die Traditionelle Chinesische Medizin (TCM) geprüft.

Autor:
©2019 Josef Miligui

AF206410

Quelle:
Die Listen werden aus der EBNS-Datenbank für die Ernährungsberatung generiert. Die Datenbank wird von Ernährungsberater, Therapeuten und Ärzte für die Beratung der Patienten/Klienten verwendet und ermöglicht eine Kombination mehrerer Syndrome.

Literaturliste:
Wir haben die Unterlagen als Wissensbasis genutzt und an unsere Erfahrungen angepasst und ergänzt.
www.ebns.at

Herstellung und Verlag:
BoD – Books on Demand, Norderstedt
ISBN: 9783748130147

2 Therapiestrategie

Blut bewegen, Stagnation lösen, Blut nähren und ev kühlen, Geist beruhigen - immer über Milz und Niere! Heiß NEIN, kalt NEIN, warm WENIG (süß JA salzig NEIN), neutral und erfrischend JA.

3 Vermeiden

Bitter austrocknende Nahrung, sehr salzige Nahrungsmittel, schwer verdauliches, zu viel Saures (Essig), Schweinefleisch, tierische Fette.

4 Speiseplan

Kkal p. Portion

4.1 Frühstück

4.2 Jause

4.3 Mittag

4.4   Nachmittag

4.5   Abend

4.6   Jederzeit

5 Rezepte

empfehlenswert = Sie können mehr verwenden
wenig = wenn möglich weniger verwenden
weniger als angegeben = möglichst nicht verwenden

5.1 8 Schätze Reis

Stärkt Niere und Blase, Baut Qi auf, Stärkt die Milz, Vertreibt
Feuchtigkeit, reduziert innere Hitze, beugt Krebs vor, baut Herz auf,
beruhigt Nerven.
Kochzeit 1 Stunde
Kalorien p. Portion: 223
4 Portionen

Zutaten:
Lilienzwiebel 1 EL / 5g. - kühl - süß, bitter... *
Longane 1 EL / 5g. - warm - süß .... empfehlenswert
Weißwurz 1 EL / 5g. - neutral - süß, bitter... *
Yamswurzel, Yamswurzelknolle 1 EL / 5g. - neutral - süß.. ja
Hiobstränе (Samen) YiYi Ren 1 EL / 5g. - kühl - süß, neutral .... ja
Reis Wilder (Naturreis) 2 Tassen / 240g. - neutral - süß, bitter .... ja
Wasser 8-10 Tassen / 800g. - kühl - salzig .... ja

Kochanleitung:
je 1 EL: Bai He (Lilienzwiebel), Longan (Longane/Drachenaugenfrucht),
Yu Zhu (Wohlriechender Weißwurz-Wurzelstock), Da Zao, Shan Yao
(Yamswurzel, Yamswurzelknolle), Lian Mi, Yi Yi Ren (Samen der
Hiobstränе), Qian Shi (Makannasternsamen)

Mit heißem Wasser übergießen und ca. 30 Min einweichen.
Anschließend: 1 – 2 Tassen Reis (normal) hinzufügen und ½ bis 1
Stunde köcheln, bis der Reis sehr weich ist. Oder: Mit Vollwertreis ca. 3
Stunden lang mit den Kräutern ein Congee kochen. Dann müssen die
Kräuter nicht eingeweicht werden.

5.2 Auflauf mit Weisskraut und Äpfel

Nährt Säfte, zieht zusammen, stärkt Milz und Leber, stärkt Blut, löst
Stagnation, führt ab, antiparasitisch.
Kochzeit 2 Stunden und mehr
Kalorien p. Portion: 252
3 Portionen
Allergene: CGL

Zutaten:

Weißkohl/Weißkraut 500 g. / 500g. - neutral - süß.. ja
Zwiebel weiss 2 Stück / 50g. - warm - scharf... wenig
Rapsöl 1 EL / 10g. - neutral - süß.. ja
Wasser 1/4 Liter / 25g. - kühl - salzig.. ja
Grundrezept für eine Gemüsebrühe nahrhaft 1/4 Liter / 200g. - neutral - *.................. ja
Salz 1 Prise / 1g. - kalt - salzig .... wenig
Pfeffer gemahlen 1 Prise / 0,5g. - warm - scharf............................... wenig
Kümmel gemahlen 1 TL / 2g. - warm - .... wenig
Apfel (süß) 1 Stück / 200g. - kühl - süß, sauer.................................... ja
Huhn Ei 2 Stück / 120g. - neutral - süß................................... empfehlenswert
Kuhmilch (1,5 % Fett) 200 g / 180g. - neutral - süß.............................. ja
Sauerrahm 15% Fett 4 EL / 50g. - kühl - sauer..................................... ja

Kochanleitung:

Backrohr auf 180°C (Umluft: 160°C) vorheizen. Weißkraut putzen, vierteln und den Strunk entfernen. Das Kraut in feine Streifen schneiden. Zwiebeln schälen, halbieren und in dünne Ringe schneiden. Öl in einem hohen Topf erhitzen und darin zuerst Zwiebelringe und dann das Kraut anrösten. Wasser mit Gemüsesuppe mischen und aufgießen. Mit geschlossenem Deckel etwa 15 Minuten auf mittlerer Flamme dünsten. Mit Salz, Pfeffer und Kümmel würzen.
Apfel waschen, vierteln, entkernen. In Spalten schneiden und unter das Kraut geben. Eier mit Milch verquirlen, salzen und pfeffern. Die Mischung in eine Auflaufform geben und die Eiermilch darüber gießen. Im vorgeheizten Rohr, 40 bis 50 Minuten goldbraun backen. Den Sauerrahm glattrühren. Auflauf auf Teller portionieren und jeweils einen Klecks Sauerrahm dazugeben.

5.3 Baby Gemüsebrei

Stärkt Milz und Leber, reguliert Qi-Fluss, befeuchtet, entspannt, baut Qi auf, verteil, lindert Entzündungen. Stärkt Qi, Blut und Jing und mittleren Erwärmer, stärkt Essenz, bewahrt die Säfte, zieht zusammen.
Kochzeit 20 Min.
Kalorien p. Portion: 161
1 Portion
Allergene: G

Zutaten:

Kartoffel 1 Stück / 50g. - neutral - süß .... ja
Karotte (Frühkarotte) 100 g. / 100g. - neutral - süß.............................. ja
Huhn Fleisch 30 g. / 30g. - warm - süß... ja
Butter Bio 1 EL / 10g. - neutral - süß.. ja

Kochanleitung:
Die Kartoffel waschen und ungeschält in einen kleinen Topf legen. Mit
wenig Wasser bedeckt zum Kochen bringen, dann die Kartoffel bei
schwacher Hitze in 15-20 Minuten garen.
Inzwischen die Karotten waschen, putzen, schälen und in etwa 2 cm
große Stücke schneiden. Mit 3 Esslöffeln Wasser und dem Fleisch in
einem Topf etwa 15 Minuten dünsten.
Die Karotten und das Fleisch mit einem Pürierstab fein zerkleinern. Die
Butter dazugeben und alles pürieren.
(Wechseln Sie immer wieder die Gemüsesorte: Kohlrabi, Zucchini,
Pastinaken)

5.4   Blitzschnelle Zucchinisuppe

Reduziert Schleim, bewahrt die Säfte, kühlt Leberhitze, stärkt Magen
Qi.
Kochzeit 10 min
Kalorien p. Portion: 42
4 Portionen

Zutaten:
Zucchini 2-3 Stück / 500g. - kühl - süß..ja
Zwiebel weiss 1 Stück / 50g. - warm - scharf...wenig
Maiskeimöl 2 EL / 6g. - neutral - süß ....ja
Petersilie 1 EL / 7g. - warm - bitter...empfehlenswert
Lauchzwiebel Schnittlauch 1 TL / 3g. - warm - scharf...wenig
Wasser 1/2 Liter / 400g. - kühl - salzig..ja

Kochanleitung:
Gehackte Zwiebel in Öl andünsten. In Scheiben geschnittene Zucchini
dazugeben und gut andünsten. Mit Wasser aufgießen. Petersilie und
Schnittlauch grob hacken, hinzufügen und alles pürieren.

5.5   Brennnessel mit Mangold Suppe

Leitet Feuchtigkeit nach unten aus, stärkt Blut, kühlt Leberhitze.
Kochzeit 30 Min.
Kalorien p. Portion: 52
4 Portionen

Zutaten:

Brennnessel 1 Handvoll / 10g. - neutral - bitter .... wenig
Mangold 1/2 Kg. / 500g. - kühl - bitter, süß .... ja
Salz 1 Prise / 1g. - kalt - salzig .... wenig
Wasser 1/2 Liter / 400g. - kühl - salzig... ja
Olivenöl 1 EL / 10g. - kühl - süß... ja
Pfeffer gemahlen 1 Prise / 0,5g. - warm - scharf... wenig

Kochanleitung:

In einem Topf das Öl erhitzen, den gewaschenen und fein geschnittenen Mangold dazugeben. Salzen und 10 Min. köcheln lassen. Die gehackten Brennnesseln dazugeben und weitere 10 Min. kochen. Pfeffer dazugeben und pürieren.

5.6 Dicke Erbsensuppe für den Winter

Nährt Qi, diuretisch, harmonisiert Qi (v.a. im Mittleren und Unteren Erwärmer). Stärkt die Niere und das Abwehr-Qi; erwärmt. Leitet Feuchtigkeit aus.
Kochzeit 2-3 Stunden
Kalorien p. Portion: 123
3 Portionen
Allergene: AN

Zutaten:

Erbse, grün 150 g. / 150g. - neutral - süß .... empfehlenswert
Wasser 600 ml. / 550g. - kühl - salzig... ja
Sesamöl 1 EL / 20g. - kühl - süß... ja
Zwiebel weiss 1/2 Stück / 25g. - warm - scharf .... wenig
Ingwer frisch 1/2 TL / 1g. - warm - scharf.. wenig
Kümmel 1/2 TL / 1g. - warm - scharf.. wenig
Hafer Schrot 1 EL / 15g. - warm - süß .... ja
Salz 1 Prise / 1g. - kalt - salzig .... wenig
Petersilie 1 Stängel / 2g. - warm - bitter .... empfehlenswert

Kochanleitung:

Erbsen vorher einweichen; in einem heißen Topf Sesamöl, Zwiebel, etwas Haferschrot, Ingwer und Kümmel andünsten; Erbsen zugeben und 2-3 Stunden köcheln; am Schluss Salz zugeben; mit Petersilie garnieren.

5.7 Frühstück mit Weißdornmarmelade

Nährt Blut und Yin, harmonisiert Lungen-Qi, trocknet aus, leitet nach unten.
Kochzeit 10 Min.
Kalorien p. Portion: 555
1 Portion
Allergene: G

Zutaten:
Brot mit Johannisbrotkernmehl 80 g. / 80g. - - ....*
Butter Bio 20 g. / 20g. - neutral - süß.. ja
Weißdorn Marmelade 30 g. / 30g. - neutral - sauer, süß...................... empfehlenswert
Frischkäse mit Kräuter 30 g. / 30g. - kühl - sauer.. wenig
Kaffee 150 ml. / 150g. - warm - bitter..weniger als angegeben
Zucker (weiß, aus Rüben) 10 g. / 10g. - kalt - süß ....weniger als angegeben

Kochanleitung:
Kaffee je nach Geschmack zubereiten, Frischkäse wenn möglich mit frischen Kräutern selbst zubereiten.

5.8 Geröstete Nüsse

Stärken Nieren-Qi, -Essenz und Gehirn, stärkt Niere, baut Essenz auf, wärmt Lunge, befeuchtet den Darm, befeuchtet, entspannt, baut Qi auf, verteilt.
Kochzeit 5 Min.
Kalorien p. Portion: 973
2 Portionen
Allergene: H

Zutaten:
Haselnüsse 100 g. / 100g. - neutral - süß .... ja
Cashewnüsse 100 g. / 100g. - kühl - süß... ja
Walnüsse 100 g. / 100g. - warm - süß .... ja

Kochanleitung:
Nüsse in einer Pfanne ca. 5 Minuten rösten.

5.9 Gerstenschrotsuppe

Wirkt neutral bis leicht erwärmend und entspannt den Qi-Fluss. Hilft bei Appetitlosigkeit und Durchfall durch Milz-Schwäche. Bei schwachem Milz-Qi sollte man häufig salzige Suppen zum Frühstück essen.
Kochzeit 25 Min.
Kalorien p. Portion: 265
2 Portionen
Allergene: A

Zutaten:

Gerste 1 Tasse / 120g. - kühl - süß, etwas salzig .... empfehlenswert
Salz 1 Prise / 1g. - kalt - salzig .... wenig
Ingwer frisch 1/2 TL / 1g. - warm - scharf.. wenig
Olivenöl 1 EL / 10g. - kühl - süß... ja
Petersilie 3 EL / 30g. - warm - bitter... empfehlenswert
Wasser 2 Tassen / 240g. - kühl - salzig .... ja

Kochanleitung:

Gerste in der Pfanne trocken rösten, anschließend zu Schrot mahlen und mit Wasser, etwas Salz und Ingwer zu einem Brei kochen. Vor dem Servieren Öl und Petersilie unterheben.
Variante: Man kann dem Gericht noch einen besseren Geschmack verleihen, wenn man es mit vorbereiteter Gemüse- oder Fleischbrühe kocht.

5.10 Grundrezept für eine Gemüsebrühe nahrhaft

Stärkt Milz und Lunge, reguliert Qi-Fluss, baut Qi auf, trocknet aus, leitet nach unten. Stärkt Magen-Qi.
Kochzeit 2-3 Stunden
Kalorien p. Portion: 48
5 Portionen
Allergene: L

Zutaten:

Olivenöl 1 EL / 4g. - kühl - süß .... ja
Zwiebel weiss 1 Stück / 60g. - warm - scharf.. wenig
Karotte (Mohrrübe, Möhre) 3 Stück / 200g. - neutral - süß... ja
Pastinake 150 g. / 150g. - kühl - bitter .... ja
Sellerie Knolle 1 Tasse / 100g. - kühl - süß... ja
Ingwer frisch 1/2 TL / 2g. - warm - scharf... wenig
Zitrone 1/2 Stück / 25g. - kalt - sauer... weniger als angegeben
Wacholderbeere 6 Stück / 6g. - warm - süß, scharf, bitter................................... wenig
Thymian getrocknet 1 Prise / 1g. - warm - bitter..................... weniger als angegeben

Liebstöckel 1 EL / 3g. - warm - scharf, bitter .... wenig
Lorbeerblatt 2 Blätter / 1g. - warm - scharf .... wenig
Salz 1 Prise / 1g. - kalt - salzig .... wenig
Wasser 3/4 Liter / 650g. - kühl - salzig .... ja

Kochanleitung:

Gemüse würfelig schneiden. In heißem Topf Öl erhitzen, Zwiebel und Gemüse anbraten, Ingwer und Lorbeer dazugeben. Mit kaltem Wasser aufgießen, Zitronensaft zugeben. Mit Wacholder, Thymian und Liebstöckel würzen. 2 – 3 Stunden auf kleiner Flamme zugedeckt köcheln. Das verwendete Gemüse soll weggeworfen werden. Das Grundrezept dient als Suppengrundlage und zur Verfeinerung von Gemüse, Hülsenfrüchte oder Getreide. Wollen Sie gleich Gemüsesuppe essen, geben Sie eine halbe Stunde vorher das gewünschte Gemüse dazu.

5.11 Grundrezept für eine Hühnerbrühe wärmend

Stärkt Qi und Blut; ist sehr wärmend.
Kochzeit 2-3 Stunden
Kalorien p. Portion: 90
9 Portionen
Allergene: L

Zutaten:

Huhn Fleisch 1/2 Stück / 600g. - warm - süß .... ja
Karotte (Mohrrübe, Möhre) 2 Stück / 150g. - neutral - süß .... ja
Lauch (Porree) 1 Stange / 45g. - warm - scharf .... wenig
Sellerie Knolle 1 Stück / 500g. - kühl - süß .... ja
Ingwer frisch 2 Scheiben / 2g. - warm - scharf .... wenig
Bockshornklee 1 TL / 2g. - neutral - .... weniger als angegeben
Wacholderbeere 1 TL / 3g. - warm - süß, scharf, bitter .... wenig
Lorbeerblatt 3 Stück / 2g. - warm - scharf .... wenig
Wasser 1 Liter / 900g. - kühl - salzig .... ja

Kochanleitung:

Hühnerteile vom Fett befreien, in einem Topf mit heißem Wasser geben und kurz aufkochen lassen, entstehenden Schaum abschöpfen. Grob geschnittenes Gemüse und alle Gewürze zugeben und 2 – 3 Stunden bei mittlerer Hitze kochen. Fertige Suppe abseihen. Gemüse und Knochen wegwerfen. Tipp: Wenn Sie das Fleisch als Suppeneinlage weiter verwenden möchten, nach 45 Minuten rausnehmen und nur die Knochen in die Suppe zurückgeben.

5.12 Herzwein

Reduziert Qi- und Blutstau, trocknet aus, leitet nach unten.
Kochzeit 20 Min.
Kalorien p. Portion: 111
4 Portionen

Zutaten:
Weißdorn 2 Handvoll / 60g. - neutral - sauer, süß.................................. empfehlenswert
Likörwein 1/2 Liter / 500g. - warm - bitter.. ja

Kochanleitung:
Zwei Handvoll Weißdorn beeren leicht zerdrücken, in eine weithalsige
Flasche füllen und mit einem halben Liter Likörwein oder anderem
Süßwein übergießen. 4-6 Wochen stehen lassen, dabei gelegentlich
schütteln. Abfiltrieren und in eine Flasche füllen.

5.13 Hühnersuppe mit Eigelb und Petersilie

Stärkt Qi und Blut; ist sehr wärmend. Nährt Blut und Leber, harmonisiert
Leber und Milz, stärkt Sehkraft, bewahrt die Säfte, zieht zusammen.
Kochzeit 10 Min.
Kalorien p. Portion: 118
2 Portionen
Allergene: CL

Zutaten:
Grundrezept für eine Hühnerbrühe wärmend 1/2 Liter / 500g. - warm - *...................... ja
Huhn Eigelb 1 Stück / 10g. - neutral - süß .... empfehlenswert
Petersilie 1 EL / 10g. - warm - bitter.. empfehlenswert

Kochanleitung:
Brühe erhitzen und das Eigelb versprudeln. Die gehackte Petersilie
drüberstreuen und ca. 2 Min. ziehen lassen. In kleinen Schlucken
trinken.

5.14 Hühnersuppe mit Grünkern, Petersilie und Sake

Stärkt Qi und Blut; ist sehr wärmend. Nährt Leber-Blut, bewahrt die
Säfte, zieht zusammen. Zerstreut und bewegt Qi, befeuchtet, reduziert
Kälte-Übel, weicht Knoten auf.
Kochzeit 1 1/2 Stunden
Kalorien p. Portion: 150
2 Portionen
Allergene: AL

Zutaten:

Grundrezept für eine Hühnerbrühe wärmend 1/2 Liter / 500g. - warm - * .... ja
Grünkern 4 EL / 30g. - warm - sauer... wenig
Petersilie 2 EL / 14g. - warm - bitter.. empfehlenswert
Sake 1 Schuss / 2g. - warm - süß, bitter, scharf..................................... wenig

Kochanleitung:
Die Zutaten in der Suppe 10 min. ziehen lassen.

5.15 Karotten-Kartoffel-Rucola Brötchen

Stärkt Qi, stärkt Milz, lindert Entzündungen, entspannt. Bewegt Qi,
reduziert innere Hitze, leitet nach unten. Stärkt Milz und Leber, reguliert
Qi-Fluss, befeuchtet, entspannt, verteilt.
Kochzeit 20 Min.
Kalorien p. Portion: 94
4 Portionen
Allergene: AG

Zutaten:

Kartoffel (mehlige) 200 g / 200g. - neutral - süß... ja
Karotte (Mohrrübe, Möhre) 1 Stück / 50g. - neutral - süß............................ ja
Sauerrahm 15% Fett 3 EL / 45g. - kühl - sauer... ja
Zwiebel Frühlingszwiebel 1 Stück / 20g. - warm - scharf........................... wenig
Rucola Rauke 1/2 Bund / 100g. - kühl - scharf..*
Zitrone Schale 1/4 TL / 1g. - kühl - bitter.. ja
Salz 1 Prise / 1g. - kalt - salzig .... wenig
Pfeffer gemahlen 1 Prise / 0,2g. - warm - scharf.................................... wenig
Vollkornbrot 8 Scheiben / 48g. - - .... ja

Kochanleitung:
Kartoffeln in der Schale weich kochen, abziehen und durch die
Kartoffelpresse drücken.
Gemüsebrühe nach Grundrezept kochen und eine Karotte nach kurzer
Garzeit herausnehmen und mit der Gabel fein zerdrücken.
Kartoffeln, Karotten, abgeriebene Zitronenschale und Sauerrahm zu
einer glatten Creme rühren.
Karotten-Kartoffel-Creme mit fein geschnittenem Rucola verrühren. Den
Aufstrich mit Salz und Pfeffer abschmecken und die Brote bestreichen.
Mit den fein geschnittenen Jungzwiebeln bestreuen.

5.16 Kartoffeln mit Topfen-Sauce

Stärkt Qi, stärkt Milz, lindert Entzündungen, befeuchtet, entspannt, baut Qi auf, verteilt. Bewahrt die Säfte, zieht zusammen. Nährt Qi und Blut, befeuchtet Trockenheit. Bewegt Qi,
löst Stagnation, leitet nach oben.
Kochzeit 45 Min.
Kalorien p. Portion: 414
6 Portionen
Allergene: G

Zutaten:
Kartoffel 1 Kg / 1000g. - neutral - süß.. ja
Topfen 20% 500 g. / 500g. - kühl - sauer... ja
Sahne, süß 30% 200 g / 200g. - neutral - süß .... ja
Edamer 80 g. / 80g. - neutral - süß .... ja
Dill 1 Bund / 100g. - warm - scharf... wenig
Maiskeimöl 1 TL / 3g. - neutral - süß.. ja
Pfeffer gemahlen 1 Prise / 0,2g. - warm - scharf...................................... wenig
Salz 1/2 TL / 1g. - kalt - salzig .... wenig
Sonnenblumenkerne 40 g. / 40g. - neutral - süß... ja

Kochanleitung:
Die Kartoffeln waschen und in reichlich Wasser etwa 20 Minuten garen. Den Topfen mit der Sahne und dem Käse cremig rühren. Die Sprossen waschen, fein hacken. Mit dem gehacktem Dill unterrühren. (Für das Baby 150 g Topfen mit dem Öl verrühren.) Den Rest mit Pfeffer, Salz und den Sonnenblumenkernen verrühren. Die Kartoffeln schälen, (dem Baby 200 g) mit dem Topfen anrichten.

5.17 Kartoffelpuffer

Stärkt Qi, stärkt Milz, lindert Entzündungen, befeuchtet, entspannt, baut Qi auf, verteilt. Stärkt Blut, Yin und Jing, nährt Yin, befeuchtet bei innerer Trockenheit, stärkt Blut, stärkt Milz, beruhigt Nerven und Magen.
Kochzeit 15 Min.
Kalorien p. Portion: 893
1 Portion
Allergene: ACG

Zutaten:
Kartoffel (mehlige) 250 g. / 250g. - neutral - süß....................................... ja
Weizen Mehl 10 g. / 10g. - kühl - süß, salzig .... ja
Huhn Ei 1 Stück / 35g. - neutral - süß.................................... empfehlenswert

Rapsöl 2 EL / 20g. - neutral - süß .... ja
Salz 1 Prise / 1g. - kalt - salzig .... wenig
Sahne sauer 20% 50 g. / 50g. - neutral - süß .... ja
Salz 1 Prise / 1g. - kalt - salzig .... wenig
Kräuter verschiedene 1 EL / 10g. - - * .... ja

Kochanleitung:
Die geschälten Kartoffeln fein reiben, die übrigen Zutaten dazugeben, gut mischen, mit Salz würzen. Öl erhitzen und mit dem Löffel kleine flache Kuchen in die Pfanne geben. Kartoffelpuffer auf beiden Seiten knusprig goldbraun backen. Am Teller anrichten und mit saurer Sahne anrichten, salzen und mit Kräuter bestreuen

5.18 Klare Brühe aus Gänseklein

Stärkt Milz, Magen und Lunge, lindert Schwächezustände, stärkt Qi, beruhigt Magen. Bewegt Qi, leitet nach oben. Stärkt Milz und Leber, reguliert Qi-Fluss, befeuchtet, entspannt,
baut Qi auf, verteilt.
Kochzeit 2-3 Stunden
Kalorien p. Portion: 334
6 Portionen

Zutaten:
Gans (Gänseklein) 500 g. / 500g. - neutral - süß .... ja
Karotte (Mohrrübe, Möhre) 1 Stück / 100g. - neutral - süß .... ja
Zwiebel Schalotte 1 Stück / 25g. - warm - scharf, süß .... wenig
Lauch (Porree) 1 Stück / 250g. - warm - scharf .... wenig
Petersilie 1 Zweig / 4g. - warm - bitter .... empfehlenswert
Liebstöckel 1 Zweig / 4g. - warm - scharf, bitter .... wenig
Kerbel 1 Prise / 0,2g. - - .... ja
Wasser 1 Liter / 1000g. - kühl - salzig .... ja
Salz 1 Prise / 0,5g. - kalt - salzig .... wenig

Kochanleitung:
Gänse Stücke mit Gemüse und Kräutern 2-3 Stunden köcheln. Durch ein feines Tuch sieben und abkühlen. Entfetten und im Kühlschrank aufbewahren.

5.19 Kokoswasser

Nährt Yin, Blut und Jing, befeuchtet, entspannt, baut Qi auf, verteilt.
Kochzeit 5 Min.
Kalorien p. Portion: 30
1 Portion

Zutaten:

Kokosmilch 1 Tasse / 125g. - warm - süß .... ja

Kochanleitung:
Kokosnuss öffnen und Wasser abseihen.
Kokoswasser gibt es auch als Fertiggetränk.

5.20 Kürbisschnitzel mit Gewürzreis

Stärkt Lunge und Milz, diuretisch, stärkt Qi, schützt Leber. Wärmt
Magen und Milz, harmonisiert den Darm, stärkt Qi-Funktion, reduziert
Feuchtigkeit. Leitet nach oben.
Kochzeit 45 Min.
Kalorien p. Portion: 438
4 Portionen
Allergene: AG

Zutaten:

Butterschmalz 1/2 EL / 5g. - neutral - süß .... wenig
Safran 1 Briefchen / 0,1g. - neutral - süß .... empfehlenswert
Kurkuma (Gelbwurz) 1 TL / 2g. - warm - bitter .... wenig
Reis Basmatireis 1 Tasse / 120g. - neutral - süß .... ja
Wasser 1 Tasse / 120g. - kühl - salzig .... ja
Salz 1/2 TL / 2g. - kalt - salzig .... wenig
Kürbis 6-8 Scheiben / 400g. - warm - süß .... ja
Gerstenmehl 1 Tasse / 10g. - kühl - süß .... ja
Brösel (Weizenbrot, Semmel) 1 Tasse / 10g. - kühl - süß, salzig .... wenig
Salz 1/2 TL / 2g. - kalt - salzig .... wenig
Pfeffer gemahlen 1 Prise / 1g. - warm - scharf .... wenig
Butter Bio 1 EL / 10g. - neutral - süß .... ja
Sahne, süß 30% 1 1/2 Becher / 300g. - neutral - süß .... ja
Gerstenmehl 2 EL / 20g. - kühl - süß .... ja
Lauchzwiebel Schnittlauch 3 EL / 20g. - warm - scharf .... wenig
Dill 3 EL / 20g. - warm - scharf .... wenig

Kochanleitung:
Das Fett in einem kleinen Topf schmelzen, Safran und Kurkuma
hinzufügen, etwa 1-2 Minuten bei mittlerer Hitze leicht rösten, damit
sich die Aromen entfalten, (Achtung! Die Gewürze dürfen auf keinen
Fall verbrennen) Den Reis hinzufügen, etwa 2 Minuten unter ständigem

Rühren braten, das Salz hinzugeben, kurz umrühren und das Wasser dazugießen, umrühren und den Topf mit einem Deckel verschließen. Bei schwacher bis mittlerer Hitze kochen lassen, bis das Wasser fast vollständig aufgesogen ist, dann vom Feuer nehmen und mit immer noch geschlossenem Deckel beiseite stellen und quellen lassen. Nicht umrühren! Wenn das Wasser vollständig aufgesogen ist, ist der Reis fertig!

Mehl, Semmelbrösel, Salz und Pfeffer verrühren. Die Kürbisscheiben mit Wasser oder verrührtem Ei anfeuchten, die Scheiben in der Mehlmischung wenden und vorsichtig in Butter braten bis sie goldbraun sind und der Kürbis weich ist. In einem kleinen Topf die Butter schmelzen, Gerstenmehl darin bräunen und vom Herd nehmen, die saure Sahne dazu rühren, salzen, pfeffern, die gehackten Kräuter unterziehen und die Soße über die gebratenen Kürbisscheiben geben Dazu den Reis servieren.

5.21 Kürbissuppe

Stärkt Lunge und Milz, diuretisch, stärkt Qi, schützt Leber. Stärkt Qi, stärkt Milz, lindert Entzündungen, befeuchtet, entspannt, baut Qi auf, verteilt. Stärkt Milz und Leber, reguliert Qi-Fluss, befeuchtet, entspannt, baut Qi auf, verteilt.
Kochzeit 1 Stunde
Kalorien p. Portion: 105
3 Portionen

Zutaten:
Kürbis 300 g. / 300g. - warm - süß.. ja
Karotte (Mohrrübe, Möhre) 2 Stück / 100g. - neutral - süß.......................... ja
Kartoffel 2 Stück / 120g. - neutral - süß .... ja
Olivenöl 1 EL / 10g. - kühl - süß.. ja
Zwiebel weiss 1 Stück / 50g. - warm - scharf .... wenig
Wasser 1 Tasse / 120g. - kühl - salzig .... ja
Petersilie 1 EL / 7g. - warm - bitter.. empfehlenswert
Anis (gemeiner Fenchel) 1 Prise / 1g. - warm - scharf .... wenig
Salz 1 Prise / 1g. - kalt - salzig .... wenig

Kochanleitung:
Olivenöl in Pfanne geben, in Würfel geschnittener Kürbis, gewürfelte Karotten und Kartoffel dazugeben, kurz andünsten, klein geschnittene Zwiebel dazugeben, mit Wasser auffüllen, soviel Wasser, dass das Gemüse mind. 3 Fingerbreiten bedeckt ist, Aufkochen lassen und dann auf kleines Feuer stellen.
Mit Meersalz salzen, klein geschnittene Petersilie dazugeben, eine

Prise Anis (wenig), evt. noch nachwürzen. Alles zusammen ca. 35 Minuten köcheln lassen. Anschließend die Suppe pürieren und evt. nochmals Wasser dazugeben, je nach Konsistenz der Suppe.

5.22 Pinienkernemus

Baut Organe auf, ernährt Muskeln, befeuchtet, entspannt, baut Qi auf, verteilt.
Kochzeit 5 Min.
Kalorien p. Portion: 235
1 Portion

Zutaten:
Pinienkerne 3 - 4 EL / 35g. - neutral - süß .... ja

Kochanleitung:
In guten Reformhäusern erhältlich.

5.23 Porree-Kartoffel-Gratin

Stärkt Qi, stärkt Milz, lindert Entzündungen, befeuchtet, entspannt, baut Qi auf, verteilt. Bewegt Qi, leitet nach oben. Bewahrt die Säfte, zieht zusammen.
Kochzeit 1 Stunde
Kalorien p. Portion: 368
4 Portionen
Allergene: CGL

Zutaten:
Kartoffel 500 g. / 500g. - neutral - süß .... ja
Lauch (Porree) 500 g. / 500g. - warm - scharf .... wenig
Apfel (sauer) 1 Stück / 200g. - kühl - sauer.. ja
Creme fraîche 125 g. / 125g. - neutral - süß .... ja
Grundrezept für eine Gemüsebrühe nahrhaft 50 ml / 20g. - neutral - *........................ ja
Huhn Eigelb 1 Stück / 20g. - neutral - süß .... empfehlenswert
Emmentaler 2 EL / 20g. - neutral - süß.. ja
Salz 1 Prise / 1g. - kalt - salzig .... wenig
Pfeffer gemahlen 1 Prise / 0,5g. - warm - scharf.................................... wenig

Kochanleitung:
Kartoffeln waschen, schälen, in sehr dünne Scheiben schneiden und trockentupfen. Die Hälfte in eine flache gefettete Auflaufform geben. Porree putzen, waschen und in feine Ringe schneiden. Apfel waschen, schälen, in dünne Scheiben schneiden. Die Porreeringe und Apfelscheiben drauf verteilen. Die restlichen Kartoffelscheiben obenauf geben. Crème fraîche, Eigelb, geriebener Emmentaler, Salz und Pfeffer

verrühren, evtl. noch etwas Gemüsebrühe dazugeben und über den Auflauf gießen.

Bei 200°C im Backofen ca. 45 bis 50 Minuten goldgelb backen. Nach 30 Minuten mit Pergamentpapier abdecken, um ein Austrocknen des Gratins zu verhindern.

5.24 Rahmkartoffeln mit Blumenkohl

Stärkt Qi, stärkt Milz, lindert Entzündungen, befeuchtet, entspannt, baut Qi auf, verteilt. Nährt Lungen-Yin, produziert Körpersäfte, kühlt innere Hitze. Stärkt Qi und Nieren-Jing, harmonisiert Leber und Milz, stärkt Sehkraft.

Kochzeit 30 Min.
Kalorien p. Portion: 332
1 Portion
Allergene: CG

Zutaten:

Kartoffel 150 g. / 150g. - neutral - süß .... ja
Blumenkohl (Karfiol) 50 g. / 50g. - kühl - süß .... ja
Kuhmilch (Vollmilch 3,5 % Fett) 3 EL / 30g. - neutral - süß .... ja
Sahne, süß 30% 1 EL / 10g. - neutral - süß .... ja
Butter Bio 1 TL / 10g. - neutral - süß .... ja
Petersilie 1 TL / 3g. - warm - bitter .... empfehlenswert
Huhn Eigelb 1 Stück / 25g. - neutral - süß .... empfehlenswert

Kochanleitung:

Die Kartoffeln unter fließendem Wasser, den Blumenkohl in stehendem Wasser gründlich waschen. Die Blumenkohlröschen in kleine Knospen teilen, die Stiele in etwa 1 cm große Stücke schneiden. Die Kartoffeln schälen und in etwa 2 cm große Würfel schneiden. Die Milch mit der Sahne in einem Topf erhitzen, die Kartoffeln und den Blumenkohl dazugeben. Bei schwacher Hitze in etwa 15 Minuten garen. Das Gemüse in einen Teller geben, die Butter, die gehackte Petersilie und das Eigelb hinzufügen und alles mit einer Gabel leicht verkneten und mischen.

5.25 Reis mit gedämpftem Gemüse

Leitet Hitze und Feuchtigkeit aus.
Kochzeit 20 min
Kalorien p. Portion: 166
2 Portionen
Allergene: L

Zutaten:
Reis Sorte beliebig 1/2 Tasse / 60g. - warm - süß .... wenig
Wasser 3 Tassen / 300g. - kühl - salzig .... ja
Zitrone Schale 1 Stück / 3g. - kühl - bitter .... ja
Wasser 1/8 Liter / 0g. - kühl - salzig .... ja
Karotte (Mohrrübe, Möhre) 2 Stück / 180g. - neutral - süß .... ja
Sellerie Stangensellerie 1/2 Stück / 5g. - kühl - süß .... empfehlenswert
Champignon 1/2 Tasse / 50g. - kühl - süß .... ja
Kresse 2 EL / 20g. - kühl - süß .... weniger als angegeben
Leinöl 1 Schuss / 3g. - neutral - süß .... ja

Kochanleitung:
Reis nach Grundrezept kochen. Ein Stück Zitronenschale mitkochen.
Wasser aufstellen und kleingeschnittene Karotten, Stangensellerie und
Champignons in Gemüseeinsatz dämpfen bis sie weich sind.
Anschließend mit Kresse bestreuen. Dann ein Schuss hochwertiges
kaltes Öl zugeben.

5.26 Reis mit Pastinake

Reguliert Qi, trocknet aus, leitet nach unten. Wärmt Magen und Milz,
harmonisiert den Darm, stärkt Qi-Funktion, reduziert Feuchtigkeit.
Befeuchtet, entspannt, baut Qi auf, verteilt. Vertreibt Schleim, leitet
nach unten, Aktiviert Wei Qi, stärkt Qi.
Kochzeit 45 Min.
Kalorien p. Portion: 206
3 Portionen

Zutaten:
Reis Sorte beliebig 1 Tasse / 120g. - warm - süß .... wenig
Wasser 2 Tassen / 200g. - kühl - salzig .... ja
Salz 1 Prise / 1g. - kalt - salzig .... wenig
Pastinake 3-4 Stück / 450g. - kühl - bitter .... ja
Olivenöl 1 EL / 10g. - kühl - süß .... ja
Salbei 1 TL / 3g. - kühl - bitter, scharf .... ja

Kochanleitung:
Pastinake schälen und in Scheiben schneiden. Kurz in Öl anbraten.
Reis hinzugeben und kurz anbraten. Mit Wasser übergießen und mind.

30 min. kochen lassen. Mit wenig frischem gehacktem Salbei bestreuen.

5.27 Reissuppe mit Algen

Stärkt Qi und Blut, reduziert Kälte, stärkt Milz, Leber und Magen, stärkt Blut und Qi. Reguliert Qi, wärmt Milz und Niere, löst Stagnation, leitet nach oben.
Kochzeit 4-5 Stunden
Kalorien p. Portion: 130
6 Portionen
Allergene: L

Zutaten:
Rind Fleischknochen 30 dag. / 10g. - warm - süß .... ja
Rind Suppenfleisch 40 dag. / 400g. - warm - süß .... ja
Petersilie 1/4 Bund / 25g. - warm - bitter .... empfehlenswert
Wacholderbeere 4 Stück / 2g. - warm - süß, scharf, bitter .... wenig
Karotte (Mohrrübe, Möhre) 2 Stück / 180g. - neutral - süß .... ja
Sellerie Knolle 10 dag. / 100g. - kühl - süß .... ja
Zwiebel Frühlingszwiebel 1/2 Stück / 10g. - warm - scharf .... wenig
Pfeffer Körner 4 Stück / 1g. - warm - scharf .... wenig
Liebstöckel 1 Ast / 3g. - warm - scharf, bitter .... wenig
Wakame 3 cm / 3g. - kalt - salzig .... wenig
Reis Sorte beliebig 3 EL / 20g. - warm - süß .... wenig
Wasser 1 Liter / 900g. - kühl - salzig .... ja

Kochanleitung:
In Wasser Petersilie geben und aufkochen; Wacholderbeeren, Fleischknochen, ein Stück Suppenfleisch, Karotte und ein Stück Sellerieknolle, eine separat gebräunte Zwiebelhälfte, einige Pfefferkörner, Liebstöckel und ein Stück Wakame-Alge zugeben; alles 4-8 Stunden köcheln lassen und dann abseihen. Reis hinzufügen und noch eine 1/2 Stunde weiterköcheln lassen.

Brühe im Kühlschrank aufbewahren.

Variante: Wenn man das Fleisch nach 1-2 Stunden herausnimmt, kann man es noch gut würfeln und später als Suppenzutat verwenden.

5.28 Rettichgemüse mit Meerrettich

Leicht erfrischend und befeuchtend löst Stagnation. Nährt Blut und Leber, harmonisiert Leber und Milz, stärkt Sehkraft, bewahrt die Säfte, zieht zusammen. Nährt Lunge und Milz, vertreibt Schleim, löst Schleim, löst Stagnation, leitet nach oben.
Kochzeit 30 Min.
Kalorien p. Portion: 196
2 Portionen
Allergene: GNO

Zutaten:

Butter Bio 1 EL / 8g. - neutral - süß .... ja
Rettich (weiß, grün...) 1/2 Stück / 50g. - kühl - süß, scharf .... weniger als angegeben
Wasser 3 EL / 10g. - kühl - salzig .... ja
Zitrone Saft 2 EL / 20g. - kalt - sauer .... weniger als angegeben
Weißwein 2 EL / 20g. - kühl - süß, bitter, scharf.. wenig
Rosenpaprika 1 Prise / 0,2g. - warm - bitter... wenig
Sesamöl 1 TL / 3g. - kühl - süß... ja
Rettich Meerrettich (Kren) 2-3 EL / 20g. - neutral - süß, etwas scharf .... ja
Salz 1 Prise / 0,5g. - kalt - salzig.. wenig
Petersilie 1 Bund gehackte / 80g. - warm - bitter................................... empfehlenswert
Reis Langkornreis 1/2 Tasse / 60g. - neutral - süß .... ja
Wasser 3 Tassen / 300g. - kühl - salzig .... ja
Salz 1 Prise / 0,5g. - kalt - salzig.. wenig

Kochanleitung:
In einer heißen Pfanne die Butter schmelzen, in Stifte geschnittenen Rettich andünsten. Mit kaltem Wasser aufgießen, Zitronensaft, Weißwein, eine Prise Rosenpaprika und das Sesamöl unterrühren; mit 2 - 3 EL frisch geriebenem Meerrettich (ersatzweise 1 TL aus dem Glas), Salz abschmecken; gehackte Petersilie drüberstreuen.

Reis mit dem Wasser aufstellen, salzen und ca. 15 Min. kochen lassen.

5.29 Rindfleischsuppe mit Karotten, Lauch, Lorbeer

Stärkt Milz-Qi, stärkt Blut und Qi, befeuchtet, entspannt, baut Qi auf, verteilt. Stärkt Milz und Leber, reguliert Qi-Fluss. Stärkt Magen-Qi.
Kochzeit 2-3 Stunden
Kalorien p. Portion: 194
5 Portionen

Zutaten:

Rind Fleisch 1/2 Kg. / 500g. - warm - süß .... ja
Karotte (Mohrrübe, Möhre) 2 Stück / 200g. - neutral - süß .... ja
Lauch (Porree) 1/2 Stück / 150g. - warm - scharf .... wenig
Lorbeerblatt 3 Blätter / 1g. - warm - scharf .... wenig
Mais Gries (Polenta) 1 EL / 10g. - neutral - süß .... ja
Wasser 1/2 Liter / 450g. - kühl - salzig .... ja
Salz 1 Prise / 0,5g. - kalt - salzig .... wenig

Kochanleitung:

Wenig kaltes Wasser aufsetzen (so viel, dass das Fleisch eben bedeckt wird); Rindersuppenfleisch oder Beinscheibe zum Kochen bringen und einen Moment sieden lassen; dann die Brühe weggießen, das Fleisch mit heißem Wasser abbrausen (dadurch erspart man sich das Abschäumen), den Topf säubern und erneut das Fleisch in heißem Wasser aufsetzen; kleingeschnittene Karotte, Lauch, den Mais und Lorbeer hinzugeben; köcheln, bis das Fleisch gar ist.

5.30 Smoothie Sellerie Karotte (BIRRS)

Nährt Säfte, stärkt Milz und Leber, reguliert Qi-Fluss, entspannt, baut Qi auf, verteilt. Bewegt Leber-Qi, reduziert Kälte-Übel.
Kochzeit 10 Min.
Kalorien p. Portion: 111
2 Portionen
Allergene: L

Zutaten:

Karotte (Mohrrübe, Möhre) 200 g / 200g. - neutral - süß .... ja
Sellerie Stangensellerie 100 g. / 100g. - kühl - süß .... empfehlenswert
Apfel (süß) 200 g / 200g. - kühl - süß, sauer .... ja
Basilikum (frisch) 2 EL / 5g. - warm - scharf, bitter .... wenig
Ingwer frisch 5 g. / 5g. - warm - scharf .... wenig
Reishi 1 Prise / 1g. - kühl - süß .... ja
Salz 1 Prise / 1g. - kalt - salzig .... wenig

Kochanleitung:

Gemüse waschen und putzen und in grobe Stücke scheiden. Alle Zutaten in einem Mixer oder mit dem Pürierstab fein pürieren.

5.31 Spinat mit Sesmammus (Tahin)

Nährt Blut und Yin, stärkt Zang-Organe, stärkt Magen-Darm, harmonisiert Qi, befeuchtet Lunge. Stärkt Qi, stärkt Milz, lindert Entzündungen, befeuchtet, entspannt, baut Qi auf, verteilt. Nährt Blut.
Kochzeit 20 Min.
Kalorien p. Portion: 150
4 Portionen
Allergene: N

Zutaten:
Kartoffel 500 g. / 500g. - neutral - süß .... ja
Salz 1 Prise / 0,2g. - kalt - salzig.. wenig
Wasser 1/4 Liter / 25g. - kühl - salzig.. ja
Spinat 1 Kg / 800g. - kühl - süß, rau .... ja
Sesam Paste (Tahini) 2 EL / 20g. - kühl - .... ja

Kochanleitung:
Kartoffeln kochen und schälen. Wasser erhitzen. Spinat blanchieren. Wasser abschütteln und trocknen lassen und mit Sesammus verrühren.

5.32 Spinat-Flan mit Milch

Stärkt Qi, stärkt Milz, lindert Entzündungen, befeuchtet, entspannt, baut Qi auf, verteilt. Stärkt Blut, Yin und Jing, nährt Yin, befeuchtet bei innerer Trockenheit. Nährt Blut und Yin, stärkt Zang-Organe.
Kochzeit 1 Stunde
Kalorien p. Portion: 250
1 Portion
Allergene: ACG

Zutaten:
Kartoffel 100 g. / 100g. - neutral - süß .... ja
Spinat 50 g. / 50g. - kühl - süß, rau.. ja
Huhn Ei 1 Stück / 65g. - neutral - süß.. empfehlenswert
Brösel (Weizenbrot, Semmel) 1 TL / 3g. - kühl - süß, salzig.................................... wenig
Kuhmilch (Vollmilch 3,5 % Fett) 6 EL / 50g. - neutral - süß .... ja
Creme fraîche 1 TL / 3g. - neutral - süß.. ja
Butter Bio 1 TL / 3g. - neutral - süß.. ja

Kochanleitung:
Die Kartoffeln waschen und mit wenig Wasser in etwa 20 Minuten garen. Etwas Wasser aufkochen. Den frischen Spinat putzen und ins kochende Wasser geben (den gefrorenen unaufgetaut), wieder aufkochen und etwa 2 Minuten sprudelnd kochen lassen. Den Spinat abtropfen lassen und pürieren. Die Kartoffeln schälen und durch die

Kartoffelpresse drücken oder mit dem Kartoffelstampfer zerdrücken. Mit dem Spinat, dem Ei und den Semmelbröseln verrühren. Eine kleine, feuerfeste Form (Inhalt etwa 300 ml) mit der Butter ausfetten und das Gemüsemus einfüllen. Die Form in einen Topf stellen und so viel Wasser in den Topf gießen, dass die Form zu zwei Dritteln im Wasserbad steht. Zugedeckt bei mittlerer Hitze etwa 15 Minuten kochen lassen. Die Milch mit der Creme fraîche erwärmen. Den Spinat-Flan auf einen Teller stürzen und mit der Milch umgießen.

5.33 Tee aus roten Datteln

Nährt Blut, fördert den Aufbau von Qi und Blut, befeuchtet Lunge, produziert Körpersäfte, stärkt Milz und Magen.
Kochzeit 10 Min.
Kalorien p. Portion: 12
4 Portionen
Allergene: O

Zutaten:
Datteln getrocknet 2-4 Stück / 15g. - warm - süß .... ja
Wasser 1/2 Liter / 500g. - kühl - salzig .... ja

Kochanleitung:
Wasser zum Kochen bringen und wegstellen. Gehackte Datteln dazugeben und 10 min. ziehen lassen. Nach Geschmack mit Honig süßen. Beim eingießen abseihen.

5.34 Tee Longanetee

Stärkt Milz, baut Lunge auf, baut Herz auf, beruhigt Nerven.
Kochzeit 10 Min.
Kalorien p. Portion: 0
4 Portionen

Zutaten:
Longane 2 TL / 4g. - warm - süß .... empfehlenswert
Wasser 1/2 Liter / 500g. - kühl - salzig .... ja

Kochanleitung:
Wasser zum Sieden bringen und wegstellen. Longane dazugeben und 10 min. ziehen lassen. Ev. mit Honig süßen. Beim eingießen abseihen.

5.35 Tee Stangensellerietee

Bewegt Leber-Qi, kühlt Hitze, befeuchtet, entspannt, baut Qi auf, verteilt.
Kochzeit 15 Min.
Kalorien p. Portion: 1
4 Portionen
Allergene: L

Zutaten:
Sellerie Stangensellerie 2 EL gehackte / 18g. - kühl - süß .... empfehlenswert
Wasser 1/2 Liter / 500g. - kühl - salzig .... ja

Kochanleitung:
Wasser zum Sieden bringen und wegstellen. Kleingeschnittene Stangensellerie dazugeben und 10 min. ziehen lassen. Ev. mit Honig süßen. Beim eingießen abseihen.

5.36 Tee Süßholz-Tee (herzstärkend)

Stärken Milz und Magen-Qi. Nährt Yin von Herz und Niere, befeuchtet, stärkt Herz und Niere, reduziert innere Hitze, bewahrt die Säfte, zieht zusammen.
Kochzeit 15 Min.
Kalorien p. Portion: 20
4 Portionen

Zutaten:
Süßholzwurzeltee 2-4 TL / 6g. - neutral - .... ja
Datteln rot 2 EL gehackte / 20g. - warm - süß .... ja
Weizen 2 TL gemahlen / 16g. - kühl - süß .... ja
Wasser 1/2 Liter / 500g. - kühl - salzig .... ja

Kochanleitung:
Süßholzwurzel, Rote Datteln und Weizen 40 Minuten köcheln, abseihen und den Tee im Kühlschrank aufbewahren. Die Zutaten wegwerfen.
Variante: Dieses Rezept kann mit Hühnerbrühe ergänzt werden; so wird es noch kräftigender.

Abkochung: 2-4 Tl. Süßholz mit 1/2 Liter kaltem Wasser übergießen, zum Sieden erhitzen, 1 Min. kochen, 10 Min. ziehen lassen. 2 mal tägl. 1 Tasse trinken.

5.37 Tsampa mit Marmelade oder Obstkompott

Nährt Säfte, reduziert Magenhitze, stärkt Milz, produziert Essenz, harmonisiert Magen. Nähren Yin, befeuchten, befeuchtet Darm.
Kochzeit 5 min.
Kalorien p. Portion: 280
1 Portion
Allergene: AGO

Zutaten:
Tsampa (geröstetes Gerstenmehl) 3 EL / 30g. - kalt - süß, etwas salzig.....................ja
Wasser 6-8 EL / 70g. - kühl - salzig ....ja
Butter Bio 1/2 TL / 2g. - neutral - süß...ja
Erdbeermarmelade 1 EL / 7g. - neutral - süß, sauer ....ja
Sonnenblumenkerne 2 TL / 14g. - neutral - süß..ja
Apfel (süß) 1 Stück gerieben / 120g. - kühl - süß, sauer ....ja

Kochanleitung:
Tsampa mit kochendem Wasser übergießen und mit einem Löffel umrühren bis ein Brei entsteht.
Butter, Marmelade, Sonnenblumenkerne und geriebenen Apfel dazugeben.
Süßen nach Geschmack mit Honig, Vollrohrzucker, oder Gerstenmalz
Gewürze und Kräuter: frische Minze, Vanille oder Kakao, Anis, Zimt

Sommer: Marmelade oder Kompott nach Wahl
Winter: Nüsse und Apfel oder Birne

5.38 Überbackenes Chicoréegemüse

Erfrischend, bringt das Qi nach unten.
Kochzeit 20 Min.
Kalorien p. Portion: 230
2 Portionen
Allergene: AG

Zutaten:
Chicorée 4 Stück / 500g. - kühl - süß, bitter...ja
Sahne, süß 30% 2 EL / 40g. - neutral - süß ....ja
Brösel (Weizenbrot, Semmel) 2 EL / 20g. - kühl - süß, salzig ....wenig
Reis Basmatireis 1/2 Tasse / 60g. - neutral - süß ....ja
Wasser 3 Tassen / 300g. - kühl - salzig ....ja
Salz 1 Prise / 1g. - kalt - salzig ....wenig

Kochanleitung:
In heißem Wasser Chicorée im Ganzen etwa 5 Minuten blanchieren; in eine Auflaufform geben; etwas süße Sahne darüber geben; Semmelbrösel über den Chicorée geben und überbacken.

Den Reis im gesalzenen Wasser zustellen, aufkochen lassen und bei kleiner Hitze ca. 15 Min. Quellen lassen.

5.39 Wärmender Haferflockenbrei

Stärkt Qi und Abwehrkraft.
Kochzeit 10 Min.
Kalorien p. Portion: 357
1 Portion
Allergene: AHO

Zutaten:

Hafer Flocken (Vollkorn) 6 EL / 60g. - warm - süß .... ja
Feige getrocknet 3 Stück / 15g. - warm - süß .... ja
Sternanis 1 Stück / 1g. - heiß - scharf.. wenig
Ingwer frisch 1 Prise / 0,5g. - warm - scharf.. wenig
Wasser 1 Tasse / 120g. - kühl - salzig .... ja
Ahornsirup 1 EL / 10g. - kühl - süß .... ja
Walnüsse 1 EL gehackte / 8g. - warm - süß .... ja

Kochanleitung:
Trockenfrüchte einweichen. Haferflocken trocken anrösten; Trockenfrüchte, Sternanis oder Zimt, etwas geriebenen Ingwer dazugeben und alles mit Wasser zu einem Brei kochen. Mit Ahornsirup süßen. Walnüsse rösten und vor dem Servieren drüberstreuen.

Wirkung: Eignet sich gut für die kalte Jahreszeit.
Vorsicht: Frischen Ingwer nicht über einen längeren Zeitraum trinken.

6   Wirkung der Lebensmittel

6.1   Zutaten verwenden: empfehlenswert

Blütenpollen
Buchweizen (geröstet) Kasha
Buchweizen Vollkorn
Erbse, grün
Gerste
Gerste (Nacktgerste)
Gerstengraupen
Himbeere
Hirse
Hirseflocken
Huhn Ei
Huhn Eigelb
Kirsche (sauer)

Longane
Nierenbohnen (rote)
Nudeln (Vollkorn) mit Ei
Nudeln (Weizen) mit Ei
Petersilie
Rind (Kalb)
Rosenkohl
Safran
Sellerie Stangensellerie
Sesam, Weißer
Weißdorn
Weißdorn Marmelade
Wirsing/Grünkohl

6.2   Zutaten verwenden: ja

Aal
Acaipulver
Acerola Fruchtnektar oder Pulver
Adzukibohnen
Agavendicksaft
Ahornsirup
Aloesaft
Amaranth POPS
Ananas
Ananassaft ungezuckert
Andornkraut
Angelikawurzel
Apfel (sauer)
Apfel (süß)
Apfelsaft (Naturtrüb)
Aprikose
Artischocke
Austern
Austernpilze
Austernschalenpulver
Backpulver
Baldrian
Banchatee
Barsch
Bataviasalat
Bier (Altbier)
Bier (Pils)
Birne
Birnensaft
Blumenkohl (Karfiol)
Bocksdornfrüchte (Fructus Lycii) getrocknet
Bohnen (grün, frisch)

Brokkoli
Brombeere
Brombeermarmelade
Brötchen (Semmel)
Buchweizen
Buschbohnen
Butter (halbfett)
Butter Bio
Buttermilch
Calamari
Cashewnüsse
Champignon
Chicorée
Chinakohl
Chlorella (Süßwasser)
Clementinen
Creme fraîche
Datteln getrocknet
Datteln rot
Distelöl
Edamer
Eisbergsalat
Emmentaler
Endiviensalat
Ente (Frühmastente, schlachtfrisch)
Ente (Herz)
Entenei
Erbsen
Erdbeermarmelade
Erdnuss (geröstet)
Erdnussbutter
Erdnüsse
Erdnussöl

Estragon
Feige
Feige getrocknet
Fenchel
Fischstücke gemischt (Süßwasser)
Flaschenkürbis
Flohsamen
Forelle
Frischkäse
Frischkäse aus Soja
Gans
Gans (Gänseklein)
Gänseei
Gemüsesaft
Gerste (Perlgerste)
Gerstengrütze
Gerstenmalz
Gerstenmehl
Gouda
Graskarpfen
Grundrezept für eine Fischbrühe
Grundrezept für eine Gemüsebrühe nahrhaft
Grundrezept für eine Hühnerbrühe wärmend
Grundrezept für eine Reissuppe (Congee)
Gurke (bitter)
Hafer
Hafer Flocken (Vollkorn)
Hafer Mehl
Hafer Schmelzlocken (Babynahrung)
Hafer Schrot
Haifisch
Hase
Haselnüsse
Hefe
Heidelbeere
Heidelbeere getrocknet
Heidelbeermarmelade
Heidelbeersaft
Hering
Himbeere getrocknet (unreife)
Himbeermarmelade
Hiobsträne (Samen) YiYi Ren
Hirsch Fleisch
Holunderblütentee
Huhn Eiweiß
Huhn Fleisch
Huhn Leber
Huhn Magen
Ingweröl
Johannisbeere (rot)
Johannisbeere (schwarz)

Johannisbeere (weiß)
Kamille
Kaninchen Fleisch
Kapuzinerkresse
Karausche
Karotte (Frühkarotte)
Karotte (Mohrrübe, Möhre)
Karottensaft ohne Zucker
Karpfen
Kartoffel
Kartoffel (mehlige)
Kartoffelmehl
Kastanien (Maronen)
Kefir
Kerbel
Kerbel getrocknet
Kichererbsen
Kirschenkompott
Kohlrübe
Kokosflocken
Kokosmilch
Kokosraspeln
Kombualge
Kopfsalat
Korinthen (rot)
Korinthen (schwarz)
Kraeuter verschiedene Sorten
Kräuter verschiedene
Kuhmilch (1,5 % Fett)
Kuhmilch (Vollmilch 3,5 % Fett)
Kürbis
Kürbiskerne
Kürbiskernöl
Lachs
Laugengebäck
Leinöl
Leinsamen
Leinsamen (geschrotet)
Likörwein
Limabohnen
Linsen rot
Loquate/Japanische Mispel
Lotossamen
Lotoswurzeln
Mais
Mais (geröstet)
Mais (Schnellpolenta)
Mais Gries (Polenta)
Mais Mehl (Maizena)
Maiskeimöl
Maisstärke
Malventee
Malz
Mandarine

Mandelmilch
Mandelmus
Mandeln
Mandeln Marzipan
Mangold
Mangosaft
Maniokmehl
Margarine
Margarine (Diät)
Marillen
Mehrkornbrot (Graubrot)
Melisse
Molke
Morchel (schwarz, getrocknet)
Mozzarella
Mungbohne
Nektarine
Oliven
Olivenöl
Paprika
Parmesan
Pastinake
Petersilienwurzel
Pfeilwurzelmehl
Pferd Fleisch
Pfifferlinge/Eierschwammerl
Pinienkerne
Pintobohnen gesprenkelt
Pistazien
Preiselbeere
Preiselbeermarmelade
Preiselbeersaft
Pumpernickel
Quinoa
Quitte
Radicchio
Rapsöl
Reis Basmatireis
Reis Duftreis
Reis Gaoliangreis (Sorghum)
Reis Klebreis
Reis Langkornreis
Reis Reisschleim
Reis Rundkornreis
Reis Schwarzer
Reis Süßer
Reis Wilder (Naturreis)
Reishi
Reisnudeln
Reisstärke
Rettich Meerrettich (Kren)
Rettich schwarz
Rind Filet
Rind Fleisch

Rind Fleischknochen
Rind Leber
Rind Lunge (Kalb)
Rind Magen
Rind Niere
Rind Ochsenschwanzstücke
Rind Suppenfleisch
Roggen
Roggen Vollkornbrot
Roggenmehl
Römersalat/Lattich-Salat
Rooibos
Rosinen
Rote Grütze (ohne Zucker)
Rote Rübe
Rotkohl
Sago (Getreide)
Sahne sauer 10%
Sahne sauer 20%
Sahne sauer 30%
Sahne, süß 30%
Salbei
Salz Kräutersalz
Sanddorn
Saubohnen (Dicke Bohnen)
Sauerkirsche
Sauerkraut
Sauermilch
Sauerrahm (Schmand) 30% Fett
Sauerrahm 15% Fett
Schlagobers (30 % Fett)
Schmelzkäse 12%
Schmelzkäse 30%
Schwarze Bohnen
Schwarzer Fungu Pilz
Schwarzwurzel
Schwein Haut
Schwein Haxe (Eisbein)
Schwein Herz
Schwein Magen
Schwein Schinken
Schwein Schinken gekocht
Schwein Schmalz
Sellerie Knolle
Sesam Paste (Tahini)
Sesam, Schwarzer
Sesamöl
Sesamöl geröstet
Shiitake, getrocknet
Silbermorchel, getrocknet
Soja Cuisine (Soja-Sahne)
Soja Tofu
Soja Tofu geräuchert
Sojabohne

Sojabohnen, Gelbe
Sojabohnen, Schwarze
Sojabohnen, Schwarze, fermentiert
Sojabohnenmilch
Sojacreme
Sojamehl
Soja-Nudeln
Sojaöl
Sonnenblumenkerne
Sonnenblumenöl
Spinat
Stachelbeere
Stangenbohnen (Fisolen)
Steinpilz/Herrenpilz
Stevia (Süßkraut)
Stutenmilch
Süßholzwurzeltee
Süßkartoffel
Süßwasserfisch
Taube
Tintenfisch
Tomate getrocknet
Tomatensaft
Topfen 20%
Topfen 40%
Trauben rot
Trüffel
Tsampa (geröstetes Gerstenmehl)
Vanille
Vanillepulver
Vogerlsalat (Pflücksalat)
Vollkornbrot
Vollkornbrot mit ganzen Körner
Vollkornmehl
Wachskürbis
Wachtel
Wachtel Ei

Walnüsse
Wasser
Wasser heiss
Weißbrot (Weizenbrot)
Weißbrot Baguette
Weißbrot Brösel (Weizenbrot)
Weißbrot Knödelbrot (Weizenbrot)
Weißbrot Salzstangerl
Weißbrot Semmel
Weiße Bohnen
Weißkohl/Weißkraut
Weizen
Weizen Bulgurweizen
Weizen Fladenbrot
Weizen Flocken
Weizen Gries
Weizen Gries - Kindergries
Weizen Mehl
Weizen Mehl Vollkorn
Weizen/Roggen Grau- Schwarzbrot mit Hefe
Weizenkeimöl
Yamswurzel, Yamswurzelknolle
Ziegen- und Schafsleber
Zitrone Schale
Zucchini
Zucker (Staubzucker)
Zucker braun
Zucker Fructose Fruchtzucker
Zucker Glukose Traubenzucker
Zucker Kandis weiß
Zucker Melasse
Zucker Milchzucker
Zucker Palmzucker
Zucker Ursüße (Zuckerrohr)
Zwieback

6.3   Zutaten verwenden: wenig

Aal geräuchert
Ananas (aus der Dose)
Anis (gemeiner Fenchel)
Apfelmus
Aprikose getrocknet
Aprikosen Marmelade
Aprikosennektar
Astronautenkost
Bärentraubenblätter
Bärlauch (Knoblauchspinat)
Basilikum
Basilikum (frisch)
Beeren der Saison
Beerensaft

Bier (alkoholarm)
Bier (alkoholfrei)
Bitterlikör
Blattsalate (bitter)
Bohnenkraut
Bohnenöl
Borretschöl
Boxhornkleesamen
Bratöl
Brennnessel
Brombeere getrocknet (unreife)
Brösel (Weizenbrot, Semmel)
Bulgur (Getreide)
Butterbohnen weiße

Butterschmalz
Chrysanthemenblütentee
Colagetränk
Colagetränk (kalorienarm)
Couscous
Cranberries
Cumin (Kreuzkümmel)
Dill
Dinkel
Dinkel Brot
Dinkel Flocken
Dinkel Gries
Dinkel Vollkornmehl
Dorsch
Dulse (Lappentang)
Enzianwurzel
Erdbeere
Erdbeersaftgetränk
Essig Aceto Balsamico weiss
Fasan
Fenchelsamen gemahlen
Fencheltee
Fernet Branca (Kräuterbitterlikör)
Feta
Fisch Innereien
Fischreste
Forelle (geräuchert)
Frischkäse mit Kräuter
Gagelpflaume
Gans (Gänseschmalz)
Gelatine weiss
Getreidekaffee
Ginkgofrucht
Ginseng
Ginsengwurzel
Granatapfel
Grundrezept für eine Entenbrühe
Grünkern
Gurke (Gewürzgurke)
Hafer Flocken geröstet
Hafer Milch
Hagebutte
Hagebuttentee
Hokkaidokürbis
Holunderbeeren
Honigwein (Met)
Huhn Herz
Hüttenkäse
Ingwer frisch
Johannisbeermarmelade (rot)
Johannisbeermarmelade (schwarz)
Johannisbeernektar (schwarz)
Kakao
Kirsche

Kirschsaft
Klementine
Kohlrabi
Kokosfett
Kokosnussfleisch
Koriandergrün
Kudzu
Kümmel
Kümmel gemahlen
Kumquat
Kurkuma (Gelbwurz)
Lauch (Porree)
Lauchzwiebel Schnittlauch
Lavendelblüten
Liebstöckel
Linsen (Helmbohnen)
Linsen gelb
Linsen schwarz
Lorbeerblatt
Lychee
Lychee (Konserve)
Maishaartee
Majoran
Makrele
Malzbier
Marillensaft
Martini
Mascarpone
Mirabelle
Mittelmeerfisch (Kabeljau, Scholle,
Schellfisch, Seeaal, Makrele)
Mohn
Nelke
Okra
Oliven grün
Orangenmarmelade
Palmöl
Papaya
Paprika (Rosenpaprika)
Paranuss
Pfeffer Cayenne
Pfeffer gemahlen
Pfeffer Körner
Pfeffer weiss (gemahlen)
Pfefferminze
Pfefferminztee
Pfirsich
Pfirsich (Dose)
Prosecco
Pute Brustfleisch
Pute Schinken
Quargel 20%
Reh Fleisch
Reis Roter

Reis Sorte beliebig
Reis Vollkorn
Reismalz
Reismehl
Rind Herz
Rind Herz (Kalb)
Rosenpaprika
Rosenpaprika Pulver
Sake
Salz
Schafskäse
Schwarzaugenbohnen
Schwarzkümmel
Schwein Bratwurst
Schwein Fett
Schwein Leber
Schwein Nieren
Schwein Schinken geselcht
Schwein Schinkenspeck
Senf mittelscharf
Speiserüben
Sternanis
Thymian

Toastbrot (Vollkorn)
Tomatenmark
Tomatenpüre
Trauben weiß
Umeboshipaste
Umeboshipflaumen (Japanaprikosen)
Wacholderbeere
Wakame
Weißfischchen
Weißwein
Wildschwein Fleisch
Ysop
Ziege
Ziegen- und Schafshirn
Ziegen- und Schafsmagen
Ziegen- und Schafsmilch
Ziegenkäse
Zwiebel Frühlingszwiebel
Zwiebel rot
Zwiebel Schalotte
Zwiebel weiss

6.4 Kontraindikativ wirkende Lebensmittel nicht verwenden

Agar-Agar, Agartang
Amaranth
Aubergine
Avocado
Bambussprossen
Banane
Banane Kochbanane
Benediktinerdistel
Bitter Lemon
Bockshornklee
Borretsch
Brie
Camembert
Campari
Chili (Schote oder gemahlen)
Curry
Currypaste rot
Dornhai (Seeaal, Schillerlocken)
Essig (Apfelessig)
Essig (Rotweinessig)
Essig Aceto Balsamico
Essiggurke
Feldsalat
Fischsouce
Flunder
Frauenmantel
Gänseblut

Garnele
Gorgonzola
Grapefruit/Pampelmuse/Pomelo
Grapefruitsaft
Grundrezept für eine Rinderbrühe (klar)
Grüner Tee
Gurke
Hammel
Hase, wild
Heilbutt
Honig
Honigmelone
Hopfen
Hummer
Ingwer Pulver
Joghurt (natur, 1,5 % Fett)
Joghurt (natur, 3,5 % Fett)
Kabeljau
Kaffee
Kaninchen Leber
Kapern (eingelegt)
Karambole/Sternfrucht
Kardamom
Kaviar
Kiwi
Klettenwurzeltee
Knoblauch

Koriander
Krabbe
Kresse
Lamm Fleisch
Lamm Knochen
Lamm Leber
Lamm Nieren
Lamm Schulter
Languste
Löwenzahn (junger)
Löwenzahnwurzeltee
Mango
Mangopulver
Maulbeerfrucht
Meeräsche
Meereskrebs
Miesmuscheln
Mineralwasser
Miso
Miso schwarz (fermentiert)
Mungbohnensprossen
Muskatnuss
Nori, Purpurtang, Rotalge
Orange
Orangensaft
Oregano frisch
Oregano getrocknet
Paprika (süß)
Peperoni
Peperoni, gelb, entkernt, halbiert
Peperoni, rot, entkernt, halbiert
Pflaume
Pflaume getrocknet
Piment
Radieschen
Rettich (weiß, grün, lila-rot)
Rhabarber
Rind Knochenmark
Rosmarin
Rotbarsch
Rotwein
Rum

Sardellen/Sardine
Sauerampfer
Schaffleisch
Schafgarbe
Schafgarbentee
Schafmilch Joghurt
Schafsmilch
Schimmelkäse
Schnaps
Schokolade
Scholle
Schwarztee
Schwein Fleisch
Senf
Senf Dijon
Senf süß
Senfsamen
Shrimps
Sojapaste (Miso)
Sojasauce
Spargel (grün oder weiß)
Tabasco
Thunfisch
Thymian getrocknet
Tomate
Traubensaft rot
Traubensaft weiß
Wassermelone
Weizen Bier
Weizenkleie
Yogitee
Ziegen- und Schafsblut
Zimtpulver
Zimtstange
Zitrone
Zitrone Saft
Zitrone, Limette
Zitronenmelisse (frisch)
Zitronenmelisse (getrocknet)
Zucker (weiß, aus Rüben)
Zwetschken

7 Komplementär

7.1 Adonisröschen

Zubereitung: Verschiedene Möglichkeiten
Wirkung: Beruhigt Herz-Qi, bewegt Blut, stärkend, diuretisch.

7.2 Arnika

Zubereitung: Öl für Massage
Wirkung: Bewegt Blut, Herz-Blut bewegend, Qi und Blut im oberen
Erwärmer bewegend, Qi stärkend, tonisiert Herz-Yang.
Dosierung: Massageöl aus 10g Arnikablüten und 50g Aloe-Vera Öl
ansetzen und 3 Wochen zeihen lassen (ev. in die Sonne stellen und
gelegentlich schütteln).
Hinweis: Vor innerer Anwendung von Arnika ist abzuraten. Sie kann zu
Übelkeit, Erbrechen und Herzbeschwerden führen.

7.3 Chili Schoten

Zubereitung: Einreibung
Wirkung: Eliminiert Wind-Kälte. Erwärmt inneres/Li, bewegt Herz-Qi und
Blut.
Hinweis: Hohe Dosen können bei längerer Anwendung zu
lebensgefährlicher Hypothermie führen, zu akuter Gastritis,
Nierenentzündung. Zubereitungen mit Capsicum reizen auch in geringen
Mengen Haut und Schleimhäute und können schmerzhaftes Brennen
hervorrufen.

7.4 Ginkgoblätter

Zubereitung: Dekokt (Abkochung)
Wirkung: Bewegt Blut. Bewegt Herz-Blut, stärkt Lungen-Qi,
adstringierend.

7.5 Ringelblumenblüten

Zubereitung: Heil-Tee (Aufguss)
Wirkung: Bewegt Feuchtigkeit, bewegt Leber-Qi, stärkt Herz-Qi, bewegt Blut, diaphoretisch.
Dosierung: Tee oder Gurgelwasser: 1 TL getrocknetes Kraut mit 250ml. Wasser.
Salbe: 2 Handvoll Blüten auf 200ml. Bio-Olivenöl und 50g. Bienenwachs bei niedriger Hitze erwärmen, abseihen, portionsweise in Gläser füllen.
Hinweis: Die berühmte Ringelblumensalbe heilt Hautausschläge, Wunden, Entzündungen und Krampfadern. Ringelblumentee löst Krämpfe bei Bauchschmerzen und Menstruationsproblemen und er fördert die Gallensekretion.

8   Grundlagen der Ernährung

Die hier beschriebenen Grundlagen der Ernährung zeigen allgemeine Empfehlungen und beziehen sich nicht auf eine spezielle Therapieform. Die Empfehlungen der Therapie haben Vorrang.

8.1   Ernährung

Die regelmäßige Einnahme von Mahlzeiten in entspannter Atmosphäre. Ein wärmendes Frühstück gilt als guter Start in den Tag. Mittags sollte die Hauptmahlzeit stattfinden - das Abendessen am frühen Abend.

Die Beachtung von Hunger- und Sättigungsgefühlen: Nicht überessen und nicht hungern, so lautet die Regel.

Die frische Zubereitung der Speisen aus naturbelassenen, regionalen Produkten. Tiefgekühlte, hitzekonservierte, industriell vorgefertigte oder mikrowellengegarte Lebensmittel werden abgelehnt.

Die Auswahl von Lebensmittel nach der Jahreszeit: Im Sommer mehr kühlende Nahrung, im Winter mehr wärmende Nahrung.

Mindestens zweimal am Tag Gekochtes essen. Speisen und Getränke sollen möglichst handwarm, niemals eiskalt oder heiß sein.

Rohkost, kurz gegartes Gemüse, frisch gepresste Säfte und Mineralwasser werden üblicherweise nicht empfohlen. Milch und Milchprodukte stehen nur dann auf dem Speiseplan, wenn sie problemlos vertragen werden.

Therapeutische Rezepte nicht über einen längeren Zeitraum ohne Rücksprache mit dem Arzt oder Therapeuten einnehmen.

1. Vielseitig essen
Lebensmittelvielfalt genießen. Merkmale einer ausgewogenen Ernährung sind abwechslungsreiche Auswahl, geeignete Kombination und angemessene Menge nährstoffreicher und energiearmer Lebensmittel. (Einerseits Schutz vor Unterversorgung mit essentiellen Nährstoffen und andererseits Schutz vor einer überhöhten Zufuhr unerwünschter Inhaltsstoffe.)

2. Reichlich Getreideprodukte - und Kartoffeln
Brot, Nudeln, Reis, Getreideflocken (am besten aus Vollkorn), sowie

Kartoffeln enthalten kaum Fett, aber reichlich Vitamine, Mineralstoffe, Spurenelemente sowie Ballaststoffe und sekundäre Pflanzenstoffe. Diese Lebensmittel sollten mit möglichst fettarmen Zutaten verzehrt werden.

3. Gemüse und Obst - Nimm "5" am Tag ...
5 Portionen Gemüse und Obst am Tag, möglichst frisch, nur kurz gegart, oder auch eine Portion als Saft – idealerweise zu jeder Hauptmahlzeit und auch als Zwischenmahlzeit: Damit werden reichlich Vitamine, Mineralstoffe sowie Ballaststoffe und sekundären Pflanzenstoffe (z.B. Carotinoiden, Flavonoiden) zugeführt. Das Beste, was man für die eigene Gesundheit tun kann.

4. Täglich Milch und Milchprodukte, ein- bis zweimal in der Woche
Fisch; Fleisch, Wurstwaren sowie Eier in Maßen. Diese Lebensmittel enthalten wertvolle Nährstoffe, wie z.B. Calcium in Milch, Jod, Selen und Omega-3-Fettsäuren in Seefisch. Fleisch ist wegen des hohen Beitrags an verfügbarem Eisen und an den Vitaminen B1, B6 und B12 vorteilhaft. Mengen von 300 - 600 g Fleisch und Wurst pro Woche reichen hierfür aus. Fettarme Produkte bevorzugen, vor allem bei Fleischerzeugnissen und Milchprodukten.

5. Wenig Fett und fettreiche Lebensmittel
Fett liefert lebensnotwendige (essenzielle) Fettsäuren und fetthaltige Lebensmittel enthalten auch fettlösliche Vitamine. Fett ist besonders energiereich, daher kann zu viel Nahrungsfett Übergewicht fördern, möglicherweise auch Krebs. Zu viele gesättigte Fettsäuren fördern langfristig die Entstehung von Herz-Kreislauf-Krankheiten. Pflanzliche Öle und Fette bevorzugen (z.B. Raps-, Oliven- und Sojaöl und daraus hergestellte Streichfette). Auf unsichtbares Fett achten, das in Fleischerzeugnissen, Milchprodukten, Gebäck und Süßwaren sowie in Fast-Food- und Fertigprodukten meist enthalten ist. Insgesamt 70 - 90 Gramm Fett pro Tag reichen aus.

6. Zucker und Salz in Maßen
Nur gelegentlich Zucker und Lebensmittel, bzw. Getränke verzehren, die mit verschiedenen Zuckerarten (z.B. Glucose Sirup) hergestellt wurden. Kreativ mit Kräutern und Gewürzen und wenig Salz würzen. Jodiertes Speisesalz bevorzugen.

7. Reichlich Flüssigkeit
Wasser ist absolut lebensnotwendig. Jeden Tag rund 1-2 Liter Flüssigkeit trinken. Wasser (ohne oder mit Kohlensäure) und andere kalorienarme Getränke bevorzugen. Alkoholische Getränke sollten nicht konsumiert

werden.

8. Schmackhaft und schonend zubereiten

Die jeweiligen Speisen bei möglichst niedrigen Temperaturen garen, soweit es geht kurz, mit wenig Wasser und wenig Fett - das erhält den natürlichen Geschmack, schont die Nährstoffe und verhindert die Bildung schädlicher Verbindungen.

9. Sich Zeit nehmen und das Essen genießen

Bewusstes Essen hilft, richtig zu essen. Auch das Auge isst mit. Sich beim Essen Zeit lassen. Das macht Spaß, regt an, vielseitig zuzugreifen und fördert das Sättigungsempfinden.

10. Auf das Gewicht achten und in Bewegung

Ausgewogene Ernährung, viel körperliche Bewegung und Sport (30 bis 60 Minuten pro Tag) gehören zusammen. Mit dem richtigen Körpergewicht fühlt man sich wohl und fördert die Gesundheit. Thermik, Wirkrichtung, Verdauungskraft Es gibt unterschiedliche Kriterien, die Wirksamkeit von Kräutern und Lebensmittel zu beurteilen. Der Einsatz der Kräuter und Zutaten basiert auf Beobachtung, was die Lebensmittel, Kräuter und Gewürze nach ihrem Verzehr im Körper bewirken. In der Medizin hat sich daraus folgendes System entwickelt: Jede Zutat oder Kraut hat eine Wirkrichtung. Außerdem gibt es noch Kräuter, die eine besondere Wirkung auf bestimmte Organe haben.

Voraussetzung für einen gesunden Stoffwechsel ist es, darauf zu achten, dass wir ausreichend Energie aus der Nahrung gewinnen und der Verdauungsprozess so wenig Energie wie möglich verbraucht. Eine bekömmliche Mahlzeit macht zufrieden und satt, verursacht keine Blähungen und keine Müdigkeit nach dem Essen. Richtiges Würzen erhöht die Bekömmlichkeit unserer Speisen. Es genügen oft schon geringe Mengen an Kräutern und Gewürzen. Sie dienen nicht dazu, uns satt zu machen, sondern helfen unseren Verdauungsorganen, die Nahrung zu verdauen.

8.2 Rezepte

Die Rezepte zeigen Ihnen welche Zutaten verwendet werden sowie mit der Kochanleitung wie diese zubereitet werden. Bei den Zutaten wird neben den Mengenangaben auch die Wichtigkeit für die Therapie angezeigt. Wenn dabei angezeigt wird "weniger als angegeben" versuchen Sie diese Empfehlung einzuhalten oder eine Alternative aus der Liste der "Empfohlenen Lebensmittel" zu finden. Meistens ist es nur eine leichte geschmackliche Änderung wenn Sie diese Zutat gänzlich weglassen.

Schonende Kochmethoden: Kochen, dämpfen, pochieren, dünsten
Scharfe Kochmethoden: Grillen, rösten, anbraten, räuchern
Ausgeglichene Kochmethoden: Frittieren, Römertopf

Auf das Einfrieren und erwärmen in der Mikrowelle sollte verzichtet werden (Denaturierung).

8.3 Lebensmittel

Lebensmittel wirken wie Heilkräuter auf Körper und Geist, nur wesentlich sanfter. Die Ernährungsberatung stützt sich hauptsächlich auf heimische Lebensmittel. Das Wissen über die Wirkungsweisen jedes einzelnen Lebensmittels und das Wissen wann welche Lebensmittel zur Anwendung kommen, entstammt der Schulmedizin. Verwende Sie möglichst Erzeugnisse aus ökologischen-biologischem Landbau.

Da wegen der besseren Verdaulichkeit grundsätzlich alles lange gekocht und kaum roh gegessen wird, ist die Verträglichkeit hervorragend.

Die Einteilung der Lebensmittel entsprechend ihrer Wirkung auf den Körper und bildet die Basis, um einen ausgewogenen und harmonischen Gesundheitszustand im Körper zu erreichen.

Grundsätzlich empfiehlt die Ernährungsberatung keine bestimmten Lebensmittel für Jedermann. Ausschlaggebend für den individuellen Speiseplan ist vor allem die persönliche Konstitution.

Kaufen Sie nur frisches und reifes Obst und Gemüse ein. Braune Stellen, welke Blätter aber auch unreifes Obst und Gemüse sollten Sie im Supermarkt zurücklassen. Greifen Sie dann zu Tiefkühlware (keine Fertiggerichte!). Tiefkühlobst und -gemüse werden kurz nach dem Ernten schockgefroren und enthalten deshalb oftmals mehr Vitamine und Mineralstoffe, als die Ware aus der Obst- und Gemüsetheke! Konserven- und Dosenware dagegen enthält wesentlich weniger Biostoffe. Zudem werden Letztere meist mit Salz, Zucker usw. angereichert. Lassen Sie die Zutaten nach dem Waschen nie im Wasser liegen, denn so gehen viele Vitalstoffe ins Wasser über! Putzen Sie Salate, Früchte und Gemüse erst unmittelbar vor Verzehr.

Beachten Sie bitte die hygienische Verarbeitung der Lebensmittel. Waschen Sie Ihre Salate, Früchte und Gemüse gründlich. Bei Gerichten mit Fleisch bereiten Sie zuerst die Zutaten vor und verarbeiten dann die Fleischprodukte. Reinigen Sie danach die Arbeitsflächen und Werkzeuge besonders gründlich. Holzunterlagen sollten regelmäßig mit leichtem Desinfektionsmittel behandelt werden um die Keimbildung einzuschränken.

Bewahren Sie Obst und Gemüse möglichst getrennt voneinander auf. Auch geerntete Früchte und Gemüse leben und strömen z.B. Ethylengas aus, das andere Sorten schneller reifen und altern lässt. Fleisch und Fisch in der verschlossenen Verpackung lassen oder in luftdichten Boxen im Kühlschrank aufbewahren.

8.4 Kräuter

Bei der Aufbewahrung und Lagerung von Heilkräutern, müssen gewisse Grundregeln beachtet werden. Grundsätzlich müssen Heilkräuter geschützt vor direkter Sonneneinstrahlung, vor Feuchtigkeit und vor heißen Temperaturen gelagert werden.

Als Gefäße für die Lagerung von Heilkräutern können Gläser, Keramik-Behälter und zur Not auch Plastik-Dosen eingesetzt werden. Plastik ist aber ein sehr unreines Material und sollte daher wirklich nur eine kurzfristige Notlösung sein. Bei Glasbehältern ist darauf zu achten, dass dunkles Glas verwendet wird.

Heilkräuter können nicht beliebig lange aufbewahrt werden. Die Haltbarkeit von Heilkräutern ist auf jeden Fall begrenzt. Durch die Haltbarkeitsdauer kann durch sachgerechte Lagerung wesentlich erhöht werden. So soll der Lagerplatz dunkel, eher kühl und absolut trocken sein. Ein Medizinschrank aus Holz, der nicht direkt bei einer Wärmequelle platziert ist wäre ideal. Um Ihre Heilkräuter nicht wegwerfen zu müssen, kaufen Sie nicht zu große Mengen an Heilpflanzen. Beschriften Sie die Behälter mit dem Namen des Heilkrauts und dem Datum der Ernte bzw. der Verarbeitung.

9   Weitere Ernährungsvorschläge

Folgende Syndrome der Diätetik, der TCM oder als Therapieergänzung bei Krebs sind verfügbar.

DIÄTETIK

1. Ernährung des Säuglings - Beikost
2. Ernährung in der Stillzeit
3. Ernährung im Alter
4. Ernährung von Kindern und Jugendlichen
5. Ernährung von Sportlern
6. Leichte Vollkost
7. Schwangerschaft
8. Vollkost

Eiweiß und Elektrolyt – Nieren
9. (Hämo-)Dialysebehandlung
10. Akutes Nierenversagen
11. Chronische Niereninsuffizienz
12. Nephrotisches Syndrom
13. Nierensteine (Nephrolithiasis)

Gastrointestinaltrakt - Bauchspeicheldrüse
14. Akute Pankreatitis (Entzündung der Bauchspeicheldrüse)
15. Chronische Pankreatitis (Entzündung der Bauchspeicheldrüse)

Gastrointestinaltrakt - Dünndarm und Dickdarm
16. Akute Obstipation (Verstopfung)
17. Chronische Obstipation (Verstopfung)
18. Colon irritabile
19. Divertikulitis
20. Erworbene Laktoseintoleranz (Laktosemalabsorption)
21. Fruktosemalabsorption
22. Glutensensitive Enteropathie (Zöliakie)
23. Kolektomie
24. Kurzdarmsyndrom

Gastrointestinaltrakt - Leber, Gallenblase, Gallenwege
25. Akute und chronische Hepatitis (Entzündung der Leber)
26. Cholelithiasis (Gallensteine)
27. Fettleber
28. Leberzirrhose

Gastrointestinaltrakt - Magen und Zwölffingerdarm
29. Akute Gastritis
30. Chronische Gastritis
31. Magenblutung
32. Ulcus ventriculi und Ulcus duodeni
33. Zustand nach Magenoperation

Gastrointestinaltrakt - Mundhöhle und Speiseröhre
34. Mundschleimhautentzündung
35. Ösophaguskarzinom (Speiseröhrenkrebs)
36. Reflüxösophagitis (Sodbrennen)

spezielle Krankheiten
37. Phenylketonurie (PKU)
38. Rheumatische Gelenkserkrankungen

Stoffwechsel
39.	Adipositas (Übergewicht)
40.	Diabetes mellitus
41.	Essstörungen (Untergewicht)
Fettstoffwechsel
42.	Hypercholesterinämie (erhöhter Cholesterinspiegel)
43.	Hepatische Enzephalopathie
Herz- und Kreislauf
44.	Arteriosklerose (Arterienverkalkung)
45.	Herzinsuffizienz
46.	Hypertonie (Bluthochdruck)
47.	Hyperurikämie und Gicht
veränderter Nährstoffbedarf
48.	bei Fieber
49.	bei malignen Erkrankungen
50.	nach Verbrennungen
51.	Strahlen- und Chemotherapie

KREBS
100.	Bauchspeicheldrüse
101.	Blasenkrebs
102.	Blutkrebs (Leukämie)
103.	Brustkrebs
104.	Darmkrebs
105.	Magenkrebs
106.	Nierenkrebs
107.	Speiseröhrenkrebs

TCM
200.	Blase - Feuchte Hitze in der Blase
201.	Blase - Feuchtigkeit und Kälte in der Blase
202.	Blase - Leere und Kälte in der Blase
203.	Dickdarm - äussere Kälte befällt den Dickdarm
204.	Dickdarm - Feuchte Hitze im Dickdarm
205.	Dickdarm - Hitze blockiert den Dickdarm II akut
206.	Dickdarm - Trockenheit des Dickdarms
207.	Dickdarm - Yang Mangel (Kälte)
208.	Herz - Blut Mangel
209.	Herz - Blut Stagnation
210.	Herz - Feuer
211.	Herz - Heisser Schleim verstopft die Herzporen
212.	Herz - Kalter Schleim verstopft die Herzporen
213.	Herz - Qi Mangel
214.	Herz - Yang Mangel
215.	Herz - Yin Mangel
216.	Leber - aufsteigender Leber-Yang
217.	Leber - Blut-Mangel
218.	Leber - Blut-Stagnation
219.	Leber - feuchte Hitze in Leber und Gallenblase
220.	Leber - Feuer
221.	Leber - Gallenblase Qi-Leere
222.	Leber - Kälte im Lebermeridian
223.	Leber - Qi-Stagnation

224. Leber - Wind
225. Leber - Wind mit aufsteigendem Leber Yang
226. Leber - Wind mit Blutleere
227. Leber - Wind mit extremer Hitze
228. Lunge - Qi Mangel
229. Lunge - Schleim-Feuchtigkeit in der Lunge
230. Lunge - Schleim-Hitze in der Lunge
231. Lunge - Schleim-Kälte in der Lunge
232. Lunge - Trockenheit der Lunge
233. Lunge - Wind-Hitze befällt die Lunge
234. Lunge - Wind-Kälte befällt die Lunge
235. Lunge - Yin Mangel
236. Magen - Blutstagnation
237. Magen - Feuer
238. Magen - Magenkälte mit Flüssigkeit
239. Magen - Nahrungsstagnation
240. Magen - Qi Mangel
241. Magen - rebellierendes Magen Qi
242. Magen - Yin Leere
243. Milz - Hitze und Feuchtigkeit befällt die Milz
244. Milz - Kälte und Feuchtigkeit befällt die Milz
245. Milz - Qi Mangel
246. Milz - Qi Mangel + Absinkendes MilzQi
247. Milz - Qi Mangel + Milz kontrolliert das Blut nicht
248. Milz - Yang Mangel
249. Niere - Herz und Niere kommunizieren nicht mehr
250. Niere - Jing Mangel
251. Niere - Nieren können das Qi nicht empfangen
252. Niere - Qi ist nicht fest
253. Niere - Yang Mangel
254. Niere - Yin Mangel

10 EBNS - Software für die Ernährungsberatung

Die Hauptaufgabe der Datenbank ist eine „**personalisierte Ernährungsberatung**" für jeden Patienten individuell. Die Datenbank wurde für die Diätetik und Traditionellen Chinesischen Medizin entwickelt. Sie unterstützt bei der Ausbildung und Beratung im Arbeitsalltag.

Das Computerprogramm liefert Listen von Rezepten, Zutaten und Kräuter, welche dem Klienten mitgegeben werden. Individuell nach Patienten-Wunsch von Vollkost bis Vegetarier (Lacto-, Ovo-, ...) einstellbar. Zu jedem Register gibt es ein INFOBLATT welches einmal dem Klienten mitgegeben werden kann.

Die Syndrome sind kombinierbar und ergeben eine Schnittmenge der empfehlenswerten Rezepte und Zutaten. Die automatisierte Diagnose für die TCM ermöglicht Ihnen während der Ausbildung Ihre Erfahrungen zu überprüfen sowie im Arbeitsalltag ihre Diagnose zu bestätigen. Sie wählen mehrere vordefinierte Symptome und lassen sich vom Programm die relevanten Syndrome automatisch anzeigen.

Wie Sie mit der Datenbank arbeiten können:
Sie können alle Werte verändern, neue Symptome oder Syndrome anlegen, Rezepte entwickeln, verändern oder Zutaten und Kräuter an Ihre Erkenntnisse anpassen. In der einfachen Klientenverwaltung werden alle relevanten Daten zu der Person gespeichert. Sie bekommen einen Überblick über die zurückliegenden Diagnosen und die Entwicklung des Krankheitsverlaufes.

Als Berater sparen Sie viel Zeit, wenn Sie für die erkannten Syndrome die Rezept-, Lebensmittel- und Kräuterlisten ausdrucken und den Klienten mitgeben. Diese Zeit können Sie für das persönliche Gespräch nutzen.

Alle Rezept- und Lebensmittellisten können Sie auch als Kombination mehrerer Erkrankungen bestellen. Mit der Datenbank können Sie außerdem für jedes Rezept die Nährstoffe und Spurenelemente angezeigt bekommen und Rezepte für Syndrome selbst mit vorgeschlagenen Zutaten entwickeln.

Weitere Informationen finden Sie auf http://www.ebns.at.
Josef Miligui, Tel.: +43 660 12 10 500